교통으로 세상을 바꿀 수 있다고요?

교통으로 세상을 바꿀 수 있다고요?

초판 1쇄 발행 2026년 1월 25일

지은이 김주현
그린이 안주영
감수 강갑생
펴낸이 이지은 **펴낸곳** 팜파스
기획편집 박선희
디자인 조성미
마케팅 김서희, 김민경
인쇄 케이피알커뮤니케이션

출판등록 2002년 12월 30일 제 10-2536호
주소 서울특별시 마포구 어울마당로5길 18 팜파스빌딩 2층
대표전화 02-335-3681 **팩스** 02-335-3743
홈페이지 www.pampasbook.com | blog.naver.com/pampasbook
이메일 pampasbook@naver.com

값 12,000원
ISBN 979-11-7026-738-6 (73810)

교통으로 세상을 바꿀 수 있다고요?

김주현 글 · 안주영 그림 · 강갑생 감수

팜파스

어린이 친구들에게

세상을 바꾸고 미래를 보여 주는 '교통'

지금 어디론가 떠날 수 있다면 어디를 가 보고 싶은가요? 유럽? 미국? 일본? 먼 곳에 있는 다른 나라를 떠올리는 친구들도, 할머니집이나 친구 집처럼 가까이 있는 곳을 떠올리는 친구들도 있을 거예요. 그런데 말이에요. 참 신기하지요. 지금 우리는 거리에 상관없이 자유롭게 떠날 곳을 생각하고 있잖아요. 마음만 먹으면 지구 어디든 못 갈 곳이 없는 세상이 된 것이지요.

처음부터 이런 세상이었던 것은 아니랍니다. 백 년 전만 해도 우리나라에서 지구 끝에 있는 나라까지 갈 수 있다는 건 상상도 하지 못했거든요. 그런데 지금은 어떻게 이렇게 자유롭게 갈 수 있게 되었을까요? 바로 교통수단이 다양해졌기 때문이랍니다. 과거에는 말이나 마차를 타고 이동했다면 지금은 비행기, 배, 기차, 버스, 자동차, 오토바이, 자전거 등 다양한 탈것들이 있어서 상황에 맞게 이동할 수 있게 된 것이지요.

세상에는 여러 가지 놀라운 일이 있지만, 우리의 일상을 가장 크게 바꿔 준 것은 교통인 것 같아요. 비행기와 배가 생기면서 우리는 지구 반대편에 있는 친구들도 만나고 서로 다른 나라의 음식도 먹을 수 있게 됐으니까요. 기차가 생기면서 몇 시간 만에 다른 지역을 다녀올 수도 있고 동화 속 서연이네 아빠처럼 출퇴근도 할 수도 있게 됐고요.

그런데 더욱 놀라운 건 지금도 더 다양한 교통수단들이 사라지고 또 생기고 있다는 거예요. 점점 필요가 없어지는 교통수단은 사라지고, 필요하고 편리한 교통수단은 새로 생기는 것이지요. 이제는 하늘을 나는 자동차인 도심항공교통도 있고요, 육지와 바다를 오가는 수륙 양용 버스도 있어요. 부르면 오는 버스도 생겼고요. 어쩌면 교통은 달라질 미래를 가장 잘 보여 줄 수 있는지도 몰라요. 지금 생기는 교통수단들이 우리 미래를 더욱 편리하게 만들어 줄 거니까요.

이 책을 통해 여러분이 옛날 사람들이 이용했던 교통수단을 통해 과거를 떠올려 보고, 미래에 생길 교통수단을 보면서 앞으로 생길 일을 상상해 보았으면 좋겠어요. 지금 우리가 이용하는 교통수단에 대해서도 여러 가지 생각을 해 봤으면 좋겠고요.

너무 생각해야 할 것이 많다고요? 그러면 한 가지만 떠올려

보아요. 여러분은 어떤 교통수단에 가장 관심이 있나요? 여러분이 제일 좋아하는 교통수단을 타고 어디론가 멀리 떠나는 모습을 상상해 보자고요. 눈을 꼭 감고 지금부터 시작!

어쩌면 여러분도 모르게 꿈꾸고 있던 미래의 내 모습을 보게 될지도 모르잖아요.

달라질 세상과 여러분의 밝은 미래를 응원하는

김주현

차례

아빠는 매일 기차를 타고 회사에 가요!

“지금 7시 도착 서울행 기차가 들어오고 있습니다.”

기차 역사 안에 울려 퍼지는 안내 음성에 서연이는 의자에서 벌떡 일어났어요. 서울행 기차가 들어온다는 건 곧 아빠와 만날 수 있다는 이야기거든요. 엄마도 일어나며 서연의 손을 잡고 말했어요.

“역시 기차는 정확하네. 예약한 시간에 맞춰 식당에 갈 수 있겠다."

오늘은 금요일, 일과를 마친 엄마와 서연이가 아빠를 마중 나가는 날이에요. 기차를 타고 서울역에 오는 아빠를 마중 나갈 겸, 가족이 외식하는 날이기도 하지요.

"힝, 그래도 기차가 더 빨리 왔으면 좋겠어요. 배고파요."

서연의 말에 엄마는 장난스러운 얼굴로 말했어요.

"아빠가 아니라 식당이 더 기다려지는 거 아니야?"

"당연히 아빠가 더 기다려지지요!"

서연이가 억울한 표정으로 대답하자 엄마는 웃으며 고개를 끄덕였어요.

엄마가 기차역 중앙에 붙은 시계를 바라보았어요. 59초, 58초 57초, …55초.

오늘도 어김없이 5초 뒤 바람을 가르고 저 멀리서 기차가 달려올 거예요. 기차가 도착하고, 얼마 후 출입구에서 나오는 아빠가 보일 거예요. 정말이에요. 여태껏 기차는 약속을 한

번도 어긴 적이 없으니까요.

매주 금요일 서연이네 가족이 기차역에서 만나 저녁 외식을 하게 된 건 1년 전부터예요. 서연이는 1년 전 그날이 떠올랐어요.

"말도 안 돼! 기차를 타고 출퇴근을 하겠다고?"

엄마가 어처구니없다는 표정으로 말했어요. 왜냐하면 아빠가 기차를 타고 회사를 다니겠다고 선언했거든요. 서연이도 토끼처럼 눈이 동그래져 아빠를 올려다보았지만 아빠는 여유만만했어요.

"아빠, 어떻게 기차를 매일 타요?"

서연이가 생각하기에 기차는 특별한 날에만 타러 가는 것이에요. 먼 친척 집에 갈 때나, 여행을 갈 때 기차를 탔거든요. 몇 시간이고 기차에서 창밖을 구경하다 잠들었던 기억이 나요. 그런 기차를 매일 타고 회사를 가다니요.

아빠는 걱정하지 말라고 서연의 어깨를 두드리며 말씀하셨

기차로 출근한다고??
다녀올게!!

어요.

"기차도 버스처럼 매일 탈 수 있어. 고속 기차를 타면 다른 도시로 빠르게 이동할 수 있지. 운전하지 않아도 되고 기차 안에서 잠을 자거나 급한 업무를 볼 수 있단다. 더구나 기차를 타면 회사에서 비용이 지원되니 많은 동료들이 기차를 이용해서 다니더라고. 오히려 출퇴근 시간을 더 정확하게 맞춰서 다닐 수 있어."

아빠의 차분한 설명에 엄마와 서연이는 한참 만에 고개를 끄덕였어요. 그래도 아빠가 기차를 타고 회사를 다니는 게 너무 힘들 것 같아 걱정하긴 했지만요.

하지만 이제는 아빠가 기차로 출퇴근하는 게 걱정되거나 놀랍지 않아요. 알고 보니 서연의 친구, 정우네 엄마도 기차를 타고 회사를 간대요. 차를 운전하면 3시간이 걸리는데 기차를 타면 1시간도 안 걸린대요. 아빠는 매일 아침 8시쯤 기차를 타고 출근해서 매일 저녁 7시에 서울에 도착해요.

아빠 덕분에 서연이네 집은 한 가지 규칙이 생겼어요. 바로 매주 금요일은 엄마와 서연이가 기차역으로 마중을 나가서 아빠와 함께 저녁을 먹고 들어오는 거예요. 그래서 금요일은 서연이가 제일 좋아하는 요일이 되었지요.

게다가 기차역 근처에는 맛있는 집들이 많이 있어요. 한식, 중식, 양식 등 없는 메뉴가 없어요. 아마 이 동네에서 제일가는 맛집들은 여기 다 모여 있을 걸요?

"서연아!"

"아빠!"

기차에서 내린 인파들 속에서 아빠가 나타났어요. 세 식구는 반갑게 인사하고 곧바로 식당으로 향했어요. 콧노래를 부르는 서연이를 보고 아빠가 빙그레 웃었어요.

"서연아, 기분 좋은 일 있니?"

"네. 전 기차역에만 오면 기분이 좋아요. 여행 가는 기분이 들어서요."

"하하, 아빠도 그래. 매일매일 여행 가는 기분이야."

세 식구는 어느덧 식당에 다다랐어요. 연어 초밥을 좋아하는 서연이를 위해 엄마가 특별히 예약한 식당이에요. 식당에 들어가 자리를 잡고 앉으니 배에서 꼬르륵 소리가 날 것 같았어요.

서둘러 주문을 마치고 주변을 둘러보다가 서연이는 아까 기차역에서 본 듯한 아이를 발견했어요.

"엄마, 저기 저 애 아까 우리 앞에 서 있던 애 맞죠?"

"어머, 그러네. 저 아이도 부모님이랑 같이 저녁 먹으러 왔나 봐."

그러고 보니 식당에는 서연이네처럼 가족 손님들이 많이 있었어요. 식당을 찾는 손님들은 대부분 기차를 이용하는 사람들인 것 같았지요. 식당에 들어오기 전에 보니 출입문 앞에 '마지막 기차 시간까지 영업합니다'라는 안내 문구도 붙어 있었거든요.

서연이는 문득, 저 아이의 부모님도 아빠처럼 기차를 타고 회사에 다니는 건지 궁금해졌어요.

“아빠, 아빠 회사에는 기차를 타고 오는 사람들이 많아요?”

“그럼, 아빠보다 더 멀리서 오는 사람들도 많아. 여러 지방에서 사는 사람들이 회사에 온단다. 고속 기차가 생기면서 그게 가능해졌지.”

아빠의 말을 듣고 있던 엄마가 고개를 끄덕였다.

“우리 어렸을 때는 부모님 회사가 멀리 있으면, 회사 근처로 이사를 가야 했는데. 세상 참 좋아진 것 같아.”

엄마의 말에 아빠도 웃으며 고개를 끄덕였어요.

“그러게 말이야. 그때는 기차를 매일 탄다는 건 생각도 못했지. 지금처럼 기차가 빠르지도 않고, 많지도 않았으니까. 그런데 이제는 기술이 발전해서 기차가 빠르기도 하고, 노선도 늘고, 많이 배차되어서 편하게 이용할 수 있지. 서울 근처는 물론이고 전국 어디에 살아도 기차로 출퇴근을 할 수 있게 되었어.”

서연이는 고개를 갸우뚱했어요. 아빠, 엄마의 말을 듣고 있으니 옛날 기차는 빠르지 않았던 것 같았기 때문이에요. 빠르지도 않은 기차를 사람들이 왜 탔던 걸까요?

서연이는 문득 기차의 옛 모습이 궁금해졌어요.

“아빠 어릴 때는 기차가 지금보다 느렸어요?”

“그럼, 지금처럼 빠른 기차는 없었지. 아빠가 어렸을 때는 기차에 탈 때 할머니가 삶은 달걀을 꼭 챙겨 주셨어. 오랜 시간을 타야 하니, 배고플 때 먹으라고 말이야. 다른 지역으로 가려면 한나절이나 온종일 기차를 타고 가기도 했어. 그러다가 아빠가 대학교를 졸업할 때쯤 빠른 기차가 세상에 나왔단다. 그때는 모두 신기해했어. 사람들이 줄을 서서 그 기차를 타 본다고 난리였으니 말이야.”

“으, 그렇게 느린 기차를 왜 탄 거예요?”

“지금에 비하면 느리지만, 그래도 예전에는 기차만큼 빠른

덜컹
덜컹
아빠
어렸을 때는 ...

교통수단이 많지 않았으니까."

아빠와 엄마는 추억에 잠긴 얼굴로 말을 주고받았어요.

"그래서인지 지금도 아빠는 기차를 타면 여행 가는 기분이 들어 설렌단다."

서연이는 문득 궁금해졌어요.

"아빠, 만일 옛날 기차로 아빠가 회사를 다닌다면 어땠을까요?"

서연의 말에 아빠와 엄마는 고개를 절레절레 저었어요.

"아휴, 그랬다면 매일 반나절도 넘는 시간을 기차에서 보내야 했을 거야. 이렇게 같이 밥을 먹기는커녕 우리 딸 얼굴도 제대로 못 보게 되겠지?"

"그래. 그럼 우리가 이사를 가든가, 아빠가 회사를 그만둬야 할 거야."

그 말을 듣자 서연이는 오늘도 아빠를 무사히 태워다 준 기차가 있어 다행이라는 생각이 들었어요. 기차가 있어서 우리

가족의 생활이 지금처럼 지낼 수 있다는 생각이 들자 갑자기 기차가 고맙게 느껴졌답니다.

'기차야! 오늘도 고마워!'

우리나라의 첫 기차는 어떻게 생겨났을까요?

우리 생활에 떼려야 뗄 수 없는 교통!

교통은 자동차나 기차, 배, 비행기 등 탈것을 이용해서 사람들이 오고 가거나 짐을 실어 나르는 일을 말한답니다. 우리가 생활하는 데 매우 중요하고 반드시 필요한 것이 바로 '교통'이지요. 주위를 둘러보면 아주 다양한 교통수단을 발견할 수 있어요. 도로에는 버스와 자동차들이 있고, 자전거 도로에는 자전거를 타는 사람들을 볼 수 있어요. 또한 지하철과 기차도 이용할 수 있지요. 이런 다양한 교통수단이 있어 우리는 어디론가 편리하게 이동할 수 있어요.

걷거나 말을 타고 다니다가
기계의 힘으로 이동할 수 있게 되었어요!

하지만 옛날에는 교통수단이 지금처럼 다양하지 못했어요. 과학 기술이 발전하지 않았기 때문에 일일이 걸어 다니거나 말이나 소 같은 동물을 이동 수단으로 삼아야 했지요. 근처에 강이 있다면 배를 타는 것이 그나마 쉬운 이동 방법이었어요. 그래서 옛날에는 다른 지역으로 이동하는 것이 무척이나 힘든 일이었답니다.

인간의 오랜 역사에서 교통이 엄청나게 발전한 순간을 꼽자면 아마 '증기 기관차가 발명된 것'을 꼽을 수 있을 거예요. 그전에는 사람이나 동물의 힘으로 물건을 운반하거나 이동 수단을 끌었거든요.

그러다가 물을 끓여 만든 뜨거운 수증기의 힘으로 움직이는 증기 기관차를 발명해 냈어요. 증기 기관차가 발명되면서부터는 기계의 힘으로 물건을 운송하고 사람들을 태워서 다닐 수 있게 되었답니다. 우리가 익히 쓰는 말인 '기차'의 '기'는 한자로 '汽(물끓는 김 기)'자를 쓰는데, 바로 증기 기관차가 최초의 기차를 의미했기 때문이랍니다.

기차는 열차 여러 대들이 하나의 줄로 이어져 선로 위로 이동하는 교통수단이에요. 세상에서 가장 긴 이동 수단이기도 하지요. 앞서 말했듯이 기차는 1802년 영국의

1944년에 제작된 유니온 퍼시픽 844번 증기 기관차
© Drew Jacksich
출처: 04_15_09_162xp_-_Flickr_-_drewj1946.jpg

광산 기술자 트레비식이 증기 기관차를 발명하면서 시작했어요. 처음에는 약 10km 속도로 아주 느리게 움직였다고 해요. 하지만 이내 100km까지 달릴 수 있게 됐지요. 오늘날 한 시간에 305km나 달리는 KTX(한국고속

철도)를 생각하면 옛날 열차들은 정말 느릿느릿했지요?

우리나라의 기차는 언제부터 있었을까요?

우리나라에 처음 기차가 생긴 것은 영국보다 100년 정도가 늦은 1899년이에요. 우리나라를 달린 첫 증기 기관차의 이름은 바로 '모갈 1호'랍니다. 당시 증기 기관차는 시속 20km로 달렸는데 1920년대부터 60년대까지 대중교통 수단으로 많이 이용되었어요.

시간이 흐르며 경유를 끓여 만든 연소 가스로 엔진을 움직이는 디젤 기관차가 들어오게 되었어요. 증기 기관차에 비해 속도도 빠르고 연료를 쓰기에도 간편해서 더 널리 쓰였고, 증기 기관차는 서서히 사라졌지요.

지금 운영되는 ITX-새마을(옛 새마을호), ITX-마음(옛

무궁화호) 같은 열차들은 시속 150km로 달려요. 이 열차들은 객차 아래 여러 곳에 나뉘어 달린 모터들이 한꺼번에 돌아가는 방식이어서(동력 분산식) 빠른 속도를 내기에 유리하답니다. 그래서 맨 앞의 기관차가 홀로 끌고 가는 열차(동력 집중식)보다 속도를 더 낼 수 있습니다.

2000년대에 들어 세계에서 네 번째로 시속 305km로 달리는 고속철도가 우리나라에 개통되었어요. 바로 지금 우리가 이용하는 한국고속철도(KTX)예요. 이 열차는 전기를 이용해서 아주 빠른 속도로 달려요. 그렇다 보니 서연이 아빠처럼 고속 기차를 타고 먼 지역으로도 출퇴근이 가능해지면서, 전국이 일일 생활권에 들어오는 시대가 되었어요.

자동차가 발명되면서 사람들은 원하는 곳을 자유롭고 빠르게 이동할 수 있게 되었어요. 기차로도 먼 거리를

한국고속철도 KTX-산천의 모습
ⓒ Minseong Kim
출처-위키미디어 커머스 https://commons.wikimedia.org/wiki/File:KTX-Sancheon.jpg

빠르게 이동할 수 있지만, 몇몇 제약이 있었거든요. 기차는 정해진 시간에 선로가 놓인 곳으로만 이동할 수 있었어요. 하지만 자동차는 도로만 있다면 시간에 얽매이지 않고 어디든 운전해서 빠르게 갈 수 있어요. 그러면서 더 먼 지역의 사람들과 교류할 수 있었지요.

이렇게 교통수단이 발전하면서 사람들은 예전에는 불가능하다고 여겼던 일들을 할 수 있게 되었어요. 오늘날 우리는 제주도에서 키운 귤을 하루 혹은 이틀 만에 받아서 맛볼 수 있어요. 배와 화물차가 있어서 빠르게 귤을 옮길 수 있기 때문이에요. 예전에는 한나절을 운전해서 가야 했던 지역을 이제는 고속철도를 타고 한두 시간이면 갈 수 있어요. 덕분에 먼 지역에 있는 직장을 다닐 수도 있지요. 이처럼 교통은 우리 생활에 직접 닿아 있는 매우 중요한 부분이랍니다.

지하철과 마을버스가 우리의 우정을 뒤흔든다고요?

"얘야, 친구가 아직 안 왔니? 곧 출발할 거야."

"네."

마을버스 기사님이 재촉하자 서연이는 초조한 얼굴로 고개를 끄덕였어요.

'힝. 채희가 아직 안 왔는데 어쩌지?'

여느 때처럼 서연이는 매일 같은 시간에 마을버스를 타는 채희를 기다렸어요. 그런데 오늘따라 채희가 나타나지 않는 거예요. 정류장에 마을버스가 도착했는데도 채희가 보이지 않자 서연이는 문이 열린 마을버스 안에서 안절부절못했어요.

사정을 아신 마을버스 기사님도 조금 기다려 주었지만 결국 채희를 태우지 못하고 출발해야 했어요. 서연이는 다시 한 번 창밖을 내다보았어요. 채희가 저 멀리서 헐레벌떡 뛰어오고 있을까 봐서요. 하지만 몇 번이고 뒤돌아 봤지만 채희의 모습은 보이지 않았지요.

"자, 이제 출발합니다."

채희가 타지 않아 잔뜩 무거워진 서연의 마음과 달리, 마을버스는 가뿐히 출발했어요.

채희와 서연이가 마을버스를 함께 타게 된 것은 영어 학원 때문이에요. 3학년이 되면서 서연이가 영어 학원을 다니게 된 거예요. 엄마를 따라 마을버스를 타고 마지막 정거장에 내리면 '먼나라 영어 학원'에 도착해요. 엄마와 함께 몇 번이나 연습을 해서 서연이는 혼자서도 마을버스를 타고 영어 학원을 갈 수 있게 되었지요.

서연이는 마을버스를 타고 학원에 가는 게 처음에는 재미있었어요. 혼자 버스를 타니 왠지 어른이 된 기분이 들기도 했고요. 창밖 풍경도 구경하고, 창문을 열면 살랑살랑 바람이 불어오는 것도 기분 좋았어요. 하차 버튼을 누르면 빨갛게 불이 들어오고, 하차 안내 방송이 나오는 것도 재미있었고요.

그런데 몇 번 해 보고 나니 그것도 금세 시들해졌어요. 매일 똑같은 풍경이니 마을버스를 타는 시간이 심심했지요. 버스 안에서 휴대폰을 하면 멀미가 났어요. 아무것도 못 하니까 시간은 더 더디게 흐르는 것 같았지요.

그랬는데 갑자기 마을버스에 채희가 나타난 거예요.

"어? 서연아, 너 어디 가?"

부릉
마을버스
02

"채희야, 나 영어 학원 가. 너는?"

"어? 나도 영어 학원 가는데?"

알고 보니 채희도 먼나라 영어 학원을 다닌다는 거예요. 마을버스에서 채희를 보니까 더 반가웠어요. 서연이와 채희는 버스에 나란히 앉아 이야기하며 학원에 다녔어요.

그렇게 두 사람은 자연스럽게 단짝 친구가 되었어요. 학원이 끝나고도 같이 마을버스 안에서 아이돌 노래도 듣고, 스티커를 바꿔 붙이기도 했어요. 새로 산 키링도 구경하다 보면 금세 채희네 동네가 보였어요.

그런데 오늘은 채희가 없어 서연이는 마을버스에서 내내 창밖만 내다보았지요. 그러고 보니 창밖 풍경이 조금 달랐어요. 하지만 서연이는 채희 생각만 하느라 창밖 풍경이 달라진 것도 몰랐지요.

'채희가 왜 안 왔지? 어디 아픈가?'

채희는 휴대폰이 없어서 메시지로 물어볼 수도 없었어요.

채희가 마을버스를 타지 않은 이유는 다음 날 학교에서 채희를 만나 알게 되었어요.

"서연아. 나 먼나라 영어 학원을 못 다니게 됐어."

"뭐라고?"

깜짝 놀란 서연에게 채희는 울적한 얼굴로 말했어요.

"미리 말 못해서 미안해."

채희는 마을버스 노선이 달라져서 학원을 가기 어려워졌다고 이야기했어요.

"마을버스 노선이 달라지다니 그게 무슨 말이야?"

"이번 주부터 달라졌어. 엄마가 그러는데, 근처에 지하철역이 생기면서 버스 노선이 바뀌었대. 이제 먼나라 영어 학원을 가려면 버스를 갈아타야 된대."

그야말로 청천벽력 같은 채희의 말을 듣고 서연이는 울상이 되었어요.

그날 서연이는 혼자 마을버스를 탔어요. 그러고 보니 마을

드디어 지하철 센텀시티역이 개통되었습니다.
전철 개통과 시티아파트의 입주가 시작됨에 따라,
2번 마을버스는 이달부터 노선을 변경해 운행합니다.

버스에는 '버스 노선 조정'이라고 쓴 안내문이 붙어 있었어요.

얼마 전 엄마가 집 근처에 지하철역이 생겼다며 기뻐하던 모습이 떠올랐어요. 그때는 지하철이 생기는 게 그저 좋은 일인 줄로만 알았거든요.

집에 돌아온 서연이는 엄마에게 채희의 일을 털어놓았어요.

"엄마, 마을버스 노선이 바뀐 게 싫어요. 지하철역이 생기고 새로 생긴 아파트에 사람이 많아졌다고 버스가 거기로 가 버리면 채희처럼 원래 마을버스를 타던 사람들은 어떻게 해요?"

서연의 말을 듣고 엄마가 생각에 잠긴 얼굴로 말했어요.

<2번 버스 노선 변경 안내>
변경 전
변경 후
먼나라 영어 학원
채희네 집
서연이네 집
시티 아파트
노선이 바뀌었대
허!

“그렇긴 해. 하지만 마을버스 버스 노선이 이용할 사람이 많은 곳으로 변경된 것도 이해는 돼. 버스는 많은 사람들이 이용하는 대중교통 시설이니까.”

엄마의 말에 서연이는 발끈하는 마음이 들었어요.

“너무해요. 버스를 타는데 불편한 사람이 있으면 안 되지 않나요? 채희네 동네에도 정거장이 있고, 시티 아파트에도 정거장이 있으면 되잖아요.”

엄마는 서연의 말을 듣고 아쉬운 얼굴로 말했어요.

“한 버스가 두 곳을 모두 들르는 것이 어렵기 때문일 거야. 채희네 동네에서 영어 학원으로 바로 가는 버스가 없어진 것은 아쉽지만 교통은 달라진 지역의 상황을 반영해서 변화해 나가야 한단다.”

엄마가 아무리 설명해 주어도 서연이는 마을버스 운영이 달라진 것이 마음에 들지 않았어요.

다음 번 영어 학원에 갈 때도 서연이는 혼자 버스를 타야 했어요. 마을버스는 새로 생긴 시티 아파트에 섰어요. 그곳에서 많은 사람들이 마을버스를 탔지요. 한 할머니께서 웃으며 버스 기사님께 말했어요.

"아이고, 고맙수. 내가 다리가 아파서 두 정거장 앞 시티 마트까지 못 가는데 마을버스가 와 주어서 얼마나 다행인지 모르우. 여기 내 손주도 그 상가에 있는 학원에 다닐 수 있게 되고 말이우."

할머니의 손을 꼭 잡고 있던 남자아이도 고개를 꾸벅 숙이며 기사님께 인사했어요.

그 모습을 본 서연이는 엄마의 말이 떠올랐어요. 엄마는 지하철역이 생겨서 더 편리해졌다며 좋아했잖아요. 그런데 채희는 지하철역이 생기고 마을버스 노선이 바뀌어서 학원을 옮기게 되었고요. 또 마을버스가 노선을 바꾼 덕분에 할머니와 남자아이는 마트와 상가를 이용할 수 있게 되었다고 해요.

'버스랑 지하철이 이렇게 중요한 줄 몰랐어.'

고맙수~
하하
!
02
마을버스

항상 우리 주변에 있는 교통수단이라고 생각했지 이렇게 사람들의 생활을 바꾸어 놓을 수 있다고는 생각하지 못했어요. 심지어 채희와 서연의 우정까지 흔들어 놓는 걸요. 서연이는 어서 빨리 채희와 다시 학원을 같이 다닐 수 있는 교통수단이 생기기만을 바랐답니다.

교통이 발전하면서
사람들의 생활이 많이 달라졌어요!

옛날에 비해 다양한 교통수단이 생기면서 사람들의 생활 영역이 더욱 넓어졌어요. 예전보다 더 먼 거리를 더욱 빠르고 쉽게 이동할 수 있게 되었으니까요. 그렇다 보니 도시 외곽에 집이 있는 사람들도 도시 안으로 출퇴근을 할 수 있고, 지역과 지역 사이에 매일같이 다양한 물품을 배송할 수 있답니다.

이렇게 유독 사람들이 많이 다니는 곳이거나, 지역과

지역을 이어 주는 곳에는 도로도 더 많이 생기고 버스와 지하철, 기차와 같은 대중교통이 더 많이 생겨나요.

교통 시설을 이용하기 위해 더 많은 사람들이 모이면서 그 주변의 상업 시설들도 늘어나지요. 상업 시설이 늘어나면 이것을 이용하기 위해 사람들도 더 찾아오게 됩니다. 이와 같이 자연스럽게 '교통의 중심지'가 생겨난답니다.

다만, 교통의 중심지가 되었을 때 좋지 않은 점도 있어요. 많은 사람들이 오가는 곳이기 때문에 교통의 중심지에는 교통 체증이 심해져서 차가 많이 막힐 수 있어요. 또 교통이 편리하다는 장점으로 인해 근처의 주택 가격이 높아질 수도 있답니다.

우리나라 교통 중심지는 어떤 곳일까요?

우리나라의 교통 중심지는 어디가 있을까요? 육로 교통의 중심지로는 대전을 꼽을 수 있어요. 우리나라의 중부에 위치해서 전국의 다양한 지역을 잇는 역할을 하지요. 1904년 대전역이 생기면서 대전은 대한민국 철도 교통의 중심지가 되었어요. 또한 가장 긴 고속도로로 서울과 부산을 잇는 경부고속도로, 대전과 전라도 지역을 연결하는 호남고속도로, 통영과 대전을 지나는 통영대전고속도로 등이 지나고 있어서 전국을 연결하는 도로의 중심지이기도 합니다.

2011년에는 대전복합터미널이 생겨서 더 많은 지역으로 버스를 타고 이동할 수 있게 되었어요. 특히 이 복합버스 터미널은 고속버스 터미널과 시외버스 터미널이

2011년에 지어진 대전복합터미널의 모습
© 날개 출처-위키미디어 커먼스
https://commons.wikimedia.org/wiki/File:Daejeon_Terminal_Complex.jpg

함께 있어 많은 버스들이 모였다 흩어지는 '중심지'로서 역할을 하고 있습니다. 시외버스 노선만 서울 방면 2곳, 경기도 28곳, 인천 2곳, 강원도 21곳, 충청북도 25곳, 충청남도 38곳, 경상북도 24곳, 경상남도 20곳, 전라북

인천 국제공항의 전경

ⓒ Simply Aviation 출처-위키미디어 커먼스

https://commons.wikimedia.org/wiki/File:02-NOV-2023_-_KC910_ICN-ALA_(EI-KEB_-_B767-300)_(03)_(cropped).jpg

도 12곳, 전라남도 4곳, 광주시 1곳, 세종시 1곳, 대전시 1곳이라 하니 정말 엄청나지요?

2000년대 들어서는 대한민국의 교통 중심지로 인천을 꼽기도 합니다. 2001년에 인천 국제공항이 생기면서 항공 교통의 중심지가 되었기 때문입니다. 많은 사람들이 해외로 여행이나 일을 하러 갈 때 비행기를 타지요? 인천 국제공항은 우리나라에서 가장 큰 공항으로 수많은 비행기들이 이륙하거나 착륙하는 곳입니다. 무려 60여 개에 가까운 나라들을 오가는 비행기들이 날마다 뜨고 있습니다.

또한 인천은 서울과 인천, 경기도를 잇는 수도권 육로 교통의 중심지이기도 합니다. 1899년 처음으로 경인선 철도가 개통되고 난 후, 수도권 전철과 연결되어 서울로 쉽게 이동할 수 있습니다. 서울, 수원과 연결되는 고속국도가 생기는 등 도로를 이용하는 교통에도 중요한 곳이지요. 이뿐만 아니라 인천은 항구가 있어 바다 교통에서도 중요한 곳입니다. 인천항이 있어서 바다를 건너오는 배들에 실린 물품을 운반해 줍니다.

버스라고 다 같은 버스가 아니라고요?

"서연아, 얼른 일어나. 지금 일어나야 버스 시간 안 늦어."

"아웅, 조금만 더 잘래요. 버스라면서요. 그냥 다음 차 타면 되잖아요."

"안 돼. 시외버스는 딱 정해진 시간에 출발한단 말이야."

토요일이지만, 아침부터 엄마 아빠는 분주하게 움직였어요. 오늘은 여행을 가는 날이거든요. 이번 여행은 버스 터미널에 가서 시외버스를 타야 한대요. 여행을 갈 때면 대부분 아빠가 운전하는 차를 타고 갔는데, 오늘은 특별히 시외버스를 타고 가기로 한 거예요.

사실 서연이는 버스 여행이 크게 기대되지 않았어요. 학원에 갈 때도 버스를 타는데, 뭐가 특별할 게 있을까 싶었거든요. 엄마가 요즘 유행하는 토끼 펜슬을 사 주겠다는 약속을 하지 않았다면 내내 시큰둥했을 거예요.

"엄마, 여행 다녀오면 꼭 토끼 펜슬 사 줘야 해요."

서연이는 눈을 비비며 졸린 얼굴로 엄마에게 말했어요.

"그럼, 꼭 사 줄게. 얼른 준비해."

엄마가 시간을 보더니 정말 서둘러야 한다고 재촉해서 서연이는 후다닥 씻고 나갈 준비를 했어요.

엄마, 아빠의 손을 잡고 서연이는 집 앞에서 시내버스를 타고 시외버스 터미널역에서 내렸어요.

"당신, 목마르지 않아? 내가 음료수 좀 사 가지고 올게."

아빠는 짐 가방을 들고 매점으로 갔어요. 엄마와 함께 서연이는 터미널에 들어섰어요.

수많은 버스들이 줄지어 있는 터미널을 보고 서연이는 입이 딱 벌어졌어요.

"엄마, 버스가 진짜 많네요."

"응. 이제 탈 버스는 지금까지 탔던 버스랑은 달라. 우리가 타고 온 버스는 우리가 사는 도시에서만 다니는 시내버스야. 하지만 오늘 탈 버스는 다른 지역으로 이동하는 시외버스란다. 더 멀리 가기 때문에 정해진 터미널에서만 탈 수 있어서 여기에 온 거야."

엄마가 서연에게 여기까지 온 이유를 설명해 주었어요. 엄마의 말을 듣고 보니 터미널에 서 있는 버스들이 좀 달라 보였어요. 버스의 색깔도 다르고 창문도 달랐어요. 출발 시간도 크게 쓰여 있었고, 표를 사는 곳도 따로 있었어요.

버스들을 구경하던 서연이가 대뜸 한 버스를 가리키며 말했

두리번
두리번
20
21
22
23

어요.

“엄마, 저는 저 버스를 타고 싶어요. 제일 빠를 것 같아요.”

서연이 ‘고속버스’라고 적힌 버스를 가리켰어요. 붉은색으로 고속버스라고 적힌 버스는 줄지어 있는 버스 중에서 가장 날쌔 보였어요.

“그래. 그래.”

엄마는 서연의 말에 대꾸하며 예매한 표를 발권하기 위해 두리번거렸어요. 그런데 서연이는 “그래.”라는 엄마의 대답을 듣고 그만 ‘저 버스가 우리가 탈 버스’라고 생각했지 뭐예요.

‘저게 우리가 탈 버스인가 봐. 얼른 타서 좋은 자리에 앉고 싶어!’

마침 사람들이 버스에 타기 위해 고속버스 앞문으로 이동하고 있었어요.

“엄마, 우리도 가요!”

서연이는 말을 하자마자 재빨리 뛰어 고속버스 앞쪽으로 갔어요. 마침 앞문이 열리고 사람들이 올라타고 있었어요. 서연이는 줄을 서서 버스에 올랐어요. 버스에 오른 서연의 눈이 휘둥그레졌어요.

"우아. 의자 정말 좋다!"

마침 엄마, 아빠, 서연이가 앉기에 딱 좋게 세 자리가 나란히 비어 있었어요. 서연이는 냉큼 세 자리 중 한 곳에 앉아 뒤돌아보았어요.

"엄마, 우리 여기 앉아요…."

서연의 말끝이 흐려졌어요. 당연히 자신의 뒤를 따라 버스에 올랐을 거라고 생각한 엄마가 보이지 않았기 때문이에요.

서연이는 심장이 덜컹 내려앉는 것 같았어요. 후다닥 버스에서 내려 터미널 쪽을 바라보았어요. 그런데 아까 서 있던 곳에 엄마, 아빠가 보이지 않았어요. 심장이 쿵쾅쿵쾅 뛰었어요. 갑자기 넓은 터미널에 혼자 남겨진 것 같아 울음이 터질 것만 같았어요.

문득 스마트폰이 생각나 주머니를 뒤적였어요. 그런데 스마트폰도 배터리가 꺼져 있는 게 아니겠어요? 서연이는 울상을 짓고 어쩔 줄을 몰라 했어요.

"어떡해! 엄마! 아빠!"

허둥지둥하는 서연이를 지켜보던 고속버스 기사님이 다가오셨어요.

"얘야. 왜 혼자 있니?"

서연이는 잔뜩 당황해 주춤주춤 말했어요.

"저, 그게… 부모님이랑 버스 타러 왔는데요. 서주에 가는 버스요."

"응? 이 버스는 서주에 가지 않는데? 이건 고속버스라서 서주에 들르지 않고 빠르게 가는 버스란다."

버스 기사님의 말에 서연이는 깜짝 놀랐어요. 자칫 서주에 가지도 않는 버스를 혼자 탈 뻔한 것이에요. 그런 서연이를 보고 버스 기사님이 걱정스러운 얼굴로 물었어요.

당황
고속버스

"아무래도 버스를 잘못 탄 것 같은데, 부모님은 어디 계시니?"

버스 기사님이 묻자 서연이는 금세 울 것 같은 얼굴이 되었어요. 엄마, 아빠를 잃어버렸다고 말하려던 참이었어요. 바로 그때였어요.

"서연아!"

엄마, 아빠의 목소리에 서연이는 퍼뜩 고개를 돌렸어요. 저쪽에서 엄마와 아빠가 뛰어오는 모습이 보였어요.

"엄마! 아빠!"

"세상에, 너 어디에 갔었던 거야? 발권기를 찾다가 갑자기 네가 안 보여서 얼마나 놀랐는지 알아?"

엄마가 놀란 얼굴로 다그치자 서연이가 눈물을 글썽이며 말했어요.

"저, 이 버스가 우리가 탈 버스인 줄 알고 먼저 타려고 했거든요. 엄마도 따라 오시는 줄 알고 탔는데, 엄마가 갑자기 안 보이는 거예요."

엄마는 서연의 등을 쓰다듬으며 달래 주었어요. 아빠도 서연이를 토닥이며 말했어요.

"많이 놀랐지? 터미널은 버스를 타고 내리는 사람들이 많아서 조심해야 해. 일행을 잃어버리기도 쉽고, 버스를 잘못 타기도 쉽거든."

"근데요, 아빠. 저 버스는 서주에 가지 않는대요. 왜 저 버스는 안 가요?"

그제야 마음이 놓인 서연이는 궁금한 것을 못 참고 아빠에게 물었어요. 아빠는 서연의 손을 꼭 잡고 가며 말했어요.

"저 버스는 고속버스여서 그래. 요즘 시외버스를 직행버스라고 부르기도 하는데, 시외버스 정류소에서 탈 수 있단다. 고속버스는 시외버스 중에서도 빠른 버스인데, 대부분 고속도로를 달리고 노선 중간에 서지 않아. 일단 타면 중간에 내릴 수도 없어."

쌩—
중간에 내릴 수 없어
흥~

아빠의 말을 듣고 서연이는 가슴이 쿵 내려앉는 줄 알았어요. 하마터면 혼자 고속도로를 타고 갈 뻔했던 거예요.

엄마, 아빠는 서연의 손을 꼭 잡고 이번에는 서주로 향하는 버스에 함께 올라탔어요. 서연이는 몇 번이나 버스에 적힌 목적지 '서주'라는 글씨를 확인했어요.

널찍한 자리에 세 식구가 나란히 앉자 이내 버스가 출발했어요. 어느새 창밖의 나무가 쏜살같이 지나가고 있어요. 도시를 벗어나 교외로 나가는 풍경이 나오자 서연이는 엄마에게 물었어요.

"엄마, 얼마나 걸려요?"

"음. 두 시간 정도? 자, 일찍 나오느라 고생했는데 이제 한숨 자렴."

엄마의 말에 서연의 눈이 스르르 감기기 시작했어요. 아침부터 터미널에서 겪었던 한바탕 소동이 왠지 이번 서주 여행이 재미있을 거라는 예고처럼 느껴졌답니다.

고속버스? 시외버스? 시내버스?
버스도 여러 가지가 있어요!

여러분이 가장 처음 이용한 대중교통 수단은 무엇인가요? 아마도 많은 사람들이 버스를 처음 이용했을 거예요. 도로를 매일같이 달리는 버스는 가장 많이 이용되는 친근한 대중교통이기 때문이에요. 특히 철도가 없는 지역에서는 버스의 역할이 아주 중요해요.

우리나라 버스는 1920년대 일제 강점기 시대부터 운행하기 시작했어요. 마치 마차처럼 생긴 형태로 서울과 인천을 오가는 버스였다고 해요. 처음에는 특별한 노선도 없고 정류장도 없어서, 손님들이 길에서 손을 들어서 차를 세우는 방식으로 운영됐어요. 그러다가 1945년 광복이 된 이후에 버스 산업이 발전했어요. 1960년대부터는 시내버스가 대중교통의 중심으로 자리 잡게 되었답니다.

그러면서 버스 요금을 내는 방법도 정해지고, 다양한 지역으로 버스를 운행하는 등 새로운 노선들이 많이 늘어났어요. 또 도시와 도시를 이동하는 고속버스도 생겨났고요.

2000년대에 들어서면서 장애인과 노약자들을 위한 저상버스가 늘어났습니다. 저상버스란 바닥이 낮고 출입구에 계단이 없어서 다리가 불편한 사람들도 편하게 탈 수 있는 버스를 말해요. 또한 전기 버스와 같은 친환경 버스가 도입되었답니다.

고속도로가 생겨나며
전국을 빠르게 이동할 수 있게 되었어요!

도로는 사람과 차들이 잘 다닐 수 있게 만든 넓은 길을 말해요. 옛날에는 도로가 별로 없어서 사람들과 차들이 울퉁불퉁하고 비좁은 길을 다녀야 했어요. 그렇다 보니 안전하고 빠르게 이동할 수 없었지요.

그런데 1960년대에 들어서 우리나라에 고속도로가 건설되었어요. 고속도로는 차들이 빠르게 이동할 수 있도록 자동차만 다닐 수 있게 만든 도로예요. 전국을 빠르게 이동할 수 있는 경로로 넓게 포장된 고속도로를 만든 거예요.

경부고속도로의 모습. 1968년에 지어진 우리나라 최장거리 고속도로다.

© Dittwjfsdgkvkdjg 출처-위키미디어 커먼스
https://commons.wikimedia.org/wiki/File:KE-1-SP.jpg

고속도로가 생겨나면서 고속버스라는 새로운 버스도 생겨났어요. 고속버스는 고속도로를 주로 달리며 중간에 정차하지 않고 먼 거리를 이동하는 버스예요. 100km

이상 되는 거리를 이동하지요. 중간에 서지 않고 긴 시간 고속도로를 달리기 때문에 고속도로 휴게소에 들린답니다. 자동차가 없어도 고속버스를 타면 다른 지역으로 빠르게 이동할 수 있답니다. 고속버스는 1970년대 이후 지역과 지역을 연결하는 대표적인 이동 수단이 되어 주었습니다. 지금까지도 많은 승객들이 고속버스를 타고 다른 지역으로 이동한답니다.

다양한 버스의 세계,
시외버스와 시내버스는 뭐가 다른 건가요?

버스가 일정한 지역을 정기적으로 오고 가는 길을 버스 노선이라고 해요. 버스 노선이 어느 지역까지 가느냐에 따라 시외버스와 시내버스로 나누어 볼 수 있어요.

시외버스는 둘 이상의 지역을 연결하는 정기 버스 노선을 말합니다. 고속버스도 시외버스의 한 종류랍니다. 일반 시외버스는 고속버스보다는 운행 거리가 짧지만 두 지역 이상을 이동하기 때문에 고속도로를 달리기도 해요. 시외버스는 열차나 비행기에 비해 교통비가 저렴하고, 일반 버스보다 빠르게 도착하는 장점이 있답니다.

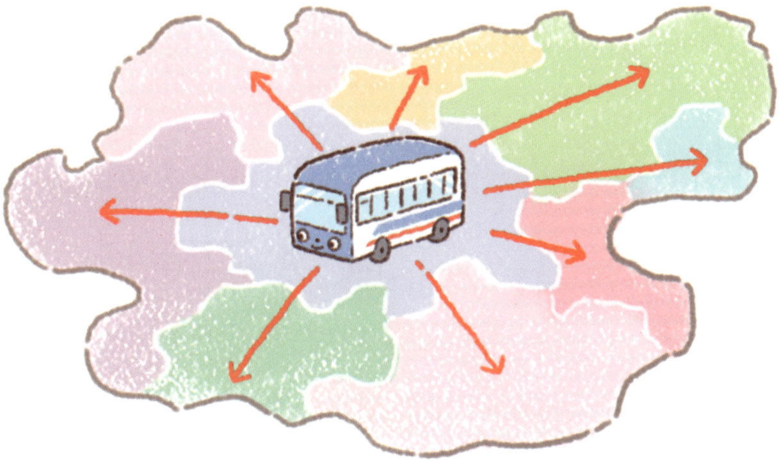

둘 이상의 지역을 이동하는 시외버스

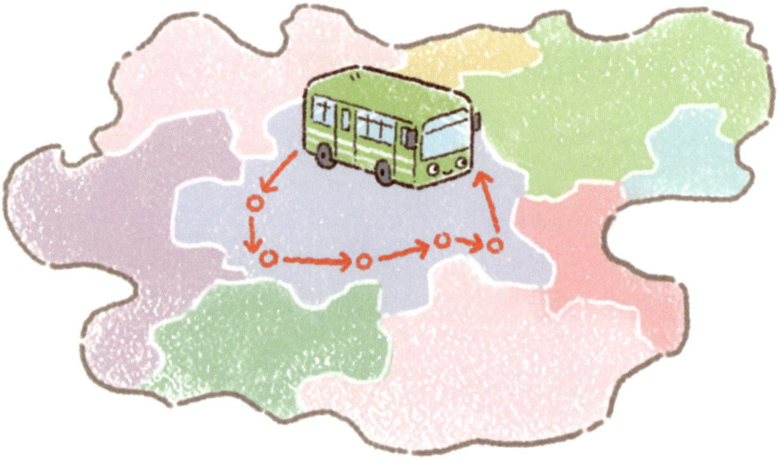

도시 안을 이동하는 시내버스

시내버스는 도시 안에서 이동하는 버스를 말해요. 우리가 흔히 보는 버스들은 대부분 시내버스랍니다.

시내버스는 지역 내에서만 다니는 일반 버스가 있고, 더 넓게 두 지역 이상까지 지나는 광역 버스, 일반 버스보다 멈춰서는 정류장이 적어서 더 빠른 급행 버스, 밤에도 다니는 심야 버스 등이 있어요.

어때요? 버스는 각기 다른 색깔과 번호로만 구분하는 것 같은데 이렇게 보니 버스의 종류가 무척 많지요? 이렇게 다양한 버스가 있어 우리는 편하고 빠르게 이동할 수 있는 거랍니다.

달리고 달려도 매연이 없는 친환경 자동차 여행

“서연아, 이번 여름 방학은 구여에 있는 수진이네에서 보내면 어떨까?”

엄마의 말이 끝나기도 전에 서연이는 환호성을 질렀어요.

“와! 수진이랑 밤새서 얘기도 하고 맨날 놀러 다닐 거예요.”

엄마는 방방 뛰는 서연이를 보고 웃으며 말했다.

“그러렴. 대신에 수진이랑 영어 캠프에 다녀야 해. 그것 때문에 여름 방학을 그곳에서 보내는 거니까."

수진이는 서연의 사촌 동생이에요. 한 살밖에 차이 나지 않아서 아기 때부터 거의 같이 자라온 동생이지요. 수진이가 구여로 이사를 가는 바람에 멀리 떨어졌지만, 친자매나 다름없는 사이예요.

서연이가 이번 여름 방학을 수진이네에서 보내게 된 건 바로 외숙모 덕분이에요. 외숙모의 전화 한 통이 엄마를 단번에 설득시켰거든요.

수진이가 사는 구여라는 동네는 유명한 문화재가 많은 곳이에요. 우리나라 문화에 관심이 많은 외국인들이 늘어나면서 구여에 가서 지내는 외국인들이 많아졌다고 해요. 외숙모가 참여하는 마을살이 활동에도 외국인 회원이 많대요. 그렇다 보니 구여 시청에서 외국인 이웃들과 구여 시민들이 함께 어울릴 수 있도록 다양한 문화 프로그램을 만들었어요. 그 프로그램에 참여하다 보면 자연스럽게 영어 실력이 늘어난다는 거예요.

“서연이가 여름 방학에 영어 학원만 내내 가는 것보다는 우리 동네에 와서 지내는 게 훨씬 나아요. 학원에서 외국인 강사 만나는 시간보다 더 많은 외국인들을 더 자주 만날 수 있으니까요. 자연스럽게 대화하면 영어도 재미있게 느껴질 거고요. 게다가 우리 마을살이 활동에서 이번에 좋은 프로그램을 많이 만들었어요. 수진이도 참여할 건데, 서연이도 이번 여름 방학 때 같이 경험해 보면 정말 좋을 것 같아요.”

외숙모의 말에 엄마는 귀가 솔깃해졌어요. 외숙모와 통화를 마친 후 엄마가 서연에게 의견을 물어보았는데, 단번에 구여에 가고 싶다고 대답한 거예요. 그렇게 해서 서연이는 이번 여름 방학을 구여에서 보내게 되었답니다.

수진이네로 가는 길은 아빠가 차로 태워 주시기로 했어요. 서연이는 오랜만에 아빠 차를 타니 기분이 더 좋았어요. 이번에 산 아빠의 자동차는 전기차라서 아주 조용해 잠자기에 그만이거든요. 아빠도 전기차가 마음에 쏙 드는지 무척 좋아했고요.

"서연아, 전기차가 왜 좋은 줄 아니?"

아빠는 서연이가 차에 타자마자 자랑을 시작했어요.

"전기차는 달리는 도중에 매연을 내뿜지 않는단다. 내연 기관 자동차처럼 석유나 가스 같은 화석 연료를 쓰지 않아서 친환경차라고도 많이 이야기해."

다른 차들처럼 기름을 넣지 않는다는 말에 서연이는 문득 궁금해졌어요.

"기름을 안 넣었는데도 다른 자동차들처럼 빠르게 달릴 수 있어요?"

"응. 전기로 충전한 배터리로 달려서 속도는 일반 차들과 같은데, 에너지 효율은 더 높아서 연료 값도 절약돼. 장점이 많지. 하지만 전기차가 아예 이산화탄소를 만들지 않는 건 아니야. 전기를 만들 때 이산화탄소가 나오니까. 그래도 석유나

가스를 넣는 차보다는 훨씬 적게 만든단다."

"그럼 전기차를 많이 탈수록 매연이 줄어들겠네요."

"그렇지. 앞으로는 전기차를 타는 사람들이 더욱 늘어날 거야. 그러면 미세 먼지 같은 공기 오염도 줄게 될 거고."

그러고 보니 겨울과 봄에는 미세 먼지가 많아 하늘이 뿌옇게 보이는 날이 많았어요. 그런 날에는 창문도 꼭 닫고 마스크를 써야 했지요. 전기차를 타면 매연이 줄어드니 미세 먼지가 가득한 날들도 사라지겠지요? 서연이는 아빠가 전기차를 좋아하는 이유를 알 것 같았어요.

아빠의 차를 타고 고속도로를 씽씽 달리고 있으니 서연이는 슬슬 졸음이 몰려왔어요. 깜빡 잠이 든 서연이가 문득 눈을 떠 보니 어느덧 구여에 다다랐어요. 손목시계를 보니 세 시간이 흘러 있었어요.

"서연아. 도착했어."

서연이가 기지개를 켜며 말했어요.

"으아. 생각보다 빨리 온 것 같아요."

"그러게. 예전 같으면 버스를 타고 열 시간 가까이 걸렸는데, 고속도로를 타고 오니 이제 금방 오는구나."

아빠의 말에 서연의 눈이 휘둥그레졌어요.

"열 시간이나 걸렸다고요?"

"그럼, 예전에는 고속도로가 잘 만들어져 있지 않아서 둘러가야 했거든. 교통이 좋아지려면 탈것만큼 길도 매우 중요하단다."

서연이는 아빠의 말에 고개를 끄덕였어요. 그때 창문 밖으로 수진이가 보였어요.

"앗, 수진이다."

서연이는 후다닥 차에서 내렸어요. 수진이와 외숙모가 이미 집 앞의 골목까지 마중을 나와 있었어요. 서연이를 본 수진이가 반가운 얼굴로 뛰어왔어요.

"서연 언니!"

"수진아!"

두 사람은 누가 먼저랄 것도 없이 손을 맞잡고 방방 뛰었어요. 그 모습을 본 어른들은 흐뭇한 미소를 지었지요.

"언니, 내 방에 진짜 재미있는 거 많아. 얼른 가자."

"그래!"

수진의 방으로 가자 수진이가 책장에서 다이어리를 꺼내 펼쳐 보였다.

"와, 이거 어디서 난 스티커야? 처음 보는데?"

"이거 마을살이 활동에서 만든 스티커야. 제니가 그림을 그려 줬고, 내가 색칠했어."

수진의 말에 서연이는 호기심 가득한 얼굴로 물었어요.

"제니? 설마 외국인이야?"

"응. 제니는 외국인인데 구여에서 그림을 그리면서 살아. 제니가 그린 그림 진짜 멋져. 이따가 공방에 가 보자."

"좋아!"

하루가 모자랄 것처럼 즐겁게 시간을 보낸 두 사람은 다음 날 느지막이 일어났어요. 일어나자마자 스마트폰을 찾은 서연이 터치 패드를 누르다 인상을 찌푸렸어요.

"어? 이상하다. 왜 휴대폰이 안 터지지? 수진아. 여기 와이파이 없어?"

"아, 언니. 우리 집은 휴대폰이 잘 안 돼. 엄마가 와이파이에 비밀번호를 걸어 놨어."

수진의 말에 서연이는 믿을 수 없다는 듯 고개를 세차게 저었어요.

"휴대폰이 안 된다니! 그럼 뭐하고 놀아?"

"뭐하고 놀긴. 휴대폰 없어도 놀 거 많아."

수진이가 빙긋 웃으며 말했어요. 그런 수진이를 못 미더운 눈으로 바라보던 서연이가 입술을 삐죽였어요.

"힝. 엄마도 안 계셔서 휴대폰을 실컷 할 수 있을 줄 알았는데. 이게 뭐야."

"에이. 휴대폰보다 더 재미있는 거 많다니까? 언니, 우리 회관 갈래?"

수진의 말에 서연이는 심드렁하게 말했어요.

"회관이 뭐야?"

"우리 동네에서 제일 인기가 많은 곳이야. 일요일마다 새로운 영화도 틀어 주고, 다른 친구들도 만날 수 있어."

"그래?"

"응. 아, 참! 공용 와이파이가 있어서 휴대폰도 마음껏 할 수 있어."

수진이가 말하자마자 서연이는 자리를 박차고 일어났어요.

"당장 가자!"

두 사람은 빠르게 나갈 채비를 하고 집을 나섰지요. 골목을 벗어나고 큰길이 나오자 서연이는 막막한 심정이 되어 물었어요.

"수진아. 회관에 어떻게 가? 전철 타야 돼?"

“전철? 구여에는 전철이 없는데?”

“뭐?”

서연이는 깜짝 놀랐어요. 수진이네 동네에만 전철역이 없는 게 아니라 구여 전체에 전철이 없다는 사실이 매우 놀라웠거든요.

‘그럼, 다른 동네를 가거나 멀리 갈 때는 뭐 타고 가지? 버스도 안 보이는데.’

그런 서연의 표정을 읽었는지 수진이가 싱긋 웃었어요.

“여기서는 주로 자전거를 많이 타. 구여에서만 탈 수 있는 공유 자전거가 있거든.”

수진의 말에 서연이는 뭔가 알겠다는 표정으로 대꾸했어요.

“아, 따릉이 같은 자전거를 말하는 거야?”

서연이는 지난번에 공원에 놀러 갔을 때 서울 공공 자전거인 따릉이를 본 적이 있었어요. 아마 구여에도 그런 자전거가 있는 것 같았어요.

"여기는 쌩쌩 달리는 차가 거의 없고, 자전거 도로가 많아. 그래서 주로 자전거를 타고 다녀."

"오, 정말?"

서연이와 수진이는 공유 자전거 정류장으로 가서 맘에 드는 자전거를 하나씩 골랐어요. 그러고는 회관을 향해 출발했지요. 자전거를 타니 서연이는 작년에 아빠가 공원에서 자전거를 가르쳐 주던 때가 떠올랐어요. 오랜만에 타는 자전거라서 긴장한 것도 잠시, 페달을 밟자 자전거가 부드럽게 앞으로 미끄러지듯이 나갔어요.

"와, 시원해!"

더운 여름인데도 자전거를 타니 바람이 솔솔 불어 땀이 식었어요. 맑은 하늘에 하얀 구름이 높이 떠 있어 그야말로 그림 같은 풍경이 휙휙 지나갔어요. 시원한 바람을 쐬고 아름다운 풍경을 보며 페달을 밟다 보니 어느새 회관에 도착했어요. 서연이는 뒤따라온 수진이를 돌아보며 말했어요.

와-!
시원해-
살랑
살랑

"수진아."

"응?"

"우리, 한 바퀴 더 돌고 갈까?"

"좋아!"

서연이는 어느새 회관에서 휴대폰을 하려는 것도 까맣게 잊을 만큼 자전거 타기에 푹 빠져들었답니다.

친환경 교통수단에는 어떤 것들이 있을까요?

지구 온난화가 심해지면서 우리는 기후 위기를 겪고 있어요. 한 번도 본 적 없는 이상한 날씨가 산불, 홍수와 같은 자연재해를 몰고 와요. 심각한 매연으로 사람들의 건강을 해치는 일도 늘고 있지요. 우리의 미래를 위해 지구의 환경을 지키기 위한 노력을 기울여야 해요.

그런데 수많은 교통수단들이 화석 연료를 사용해요. 화석 연료를 쓰면 어쩔 수 없이 온실 가스인 탄소 등을 배출하게 되지요. 비행기가 더 많이 날수록, 배가 더 많이 다닐수록, 자동차들이 늘어날수록 환경 오염이 더욱 심해지는 거예요.

그래서 이제 교통수단도 환경을 해치지 않는 방법으로 바꾸어야 해요. 탄소를 덜 배출하고, 매연을 내뿜지 않는 친환경 교통수단에는 어떤 것이 있을까요?

나만의 1인용 친환경 교통수단이 있다면?

'마이크로 모빌리티(micro mobility)'는 전기 자전거, 초소형 전기차, 전동식 킥보드 등과 같이 전기를 사용한 소형 교통수단을 말해요. 작기 때문에 간편하게 이용할 수 있고 가까운 거리는 물론 좀 더 먼 거리까지도 이동할 수 있지요. 버스나 자동차처럼 형태가 큰 이동 수단

이 아니고, 혼자서 사용할 만큼 작기 때문에 '나만의 1인 이동 수단'이라고 불리기도 해요.

마이크로 모빌리티는 전 세계적으로 많은 인기를 끌고 있는데, 그 이유는 바로 작고 간편해 쉽게 탈 수 있고, 저렴한 가격으로 이용할 수 있기 때문이랍니다.

또한 휘발유를 쓰는 자동차보다 전기를 쓰면 훨씬 효율이 좋기 때문에 친환경적이지요. 대기 오염을 줄이고, 대중교통의 혼잡함을 줄일 수 있어서 특히 미국과 중국에서 큰 인기를 얻고 있어요. 단, 1인 이동 수단을 위한 교통 법규와 시설이 더욱 마련될 필요가 있답니다.

수소로 다니는 전차가 있어요

화석 연료를 대신할 수 있는 에너지로는 전기 말고도 '수소'가 있답니다. 수소를 연료로 써서 선로를 달리는 전차가 있어요. 바로 '수소 전기 트램'입니다. 트램은 도로에 깔린 레일 위를 달리는 전차를 말해요.

수소 전기 트램은 친환경 에너지를 사용해 미래의 교통수단으로 주목받고 있지요. 수소 연료 전지가 붙어 있어 전력을 생산해서 달린답니다. 수소와 산소의 화학 반응을 이용해서 전력을 만들기 때문에 온실 가스인 탄소를 배출하지 않아요. 외부에서 들어오는 산소를 모아 필

터와 가습기를 통해 공기를 정화한 후 사용한답니다. 그래서 매연이 나오지 않는 친환경 교통수단으로 불려요.

태양 에너지로 움직이는 자율 주행차가 있다고?

미래에는 과연 어떤 교통수단이 나오게 될까요? 중동에 있는 아랍에미리트라는 나라에는 '마스다르 시티'라는 도시가 있어요. 이곳에 사는 주민들은 'PRT(Personal Rapid Transit)'라는 소형 전기차를 타고 다닙니다. 이 차는 사람이 운전하지 않고 컴퓨터 시스템으로 운전하는 자율 주행차입니다.

이 도시는 중동 사막에 있기 때문에 태양 에너지를 이용해 전기를 만들어요. 이 전기로 움직이는 자동차이지요. 태양에서 에너지를 얻고 탄소도 내뿜지 않아요. 과학 기술로 구현한 대표적인 친환경 교통수단이지요.

환경과 건강을 함께 지키는 공공 자전거

자전거는 오래전부터 사람들의 교통수단으로 사랑받아 왔습니다. 자전거는 사람이 직접 페달을 밟아 움직이기 때문에 매연이 없는 대표적인 친환경 교통수단이지

대표적인 친환경 교통수단인 공유 자전거 서비스가 전 세계적으로 점점 늘어나고 있다.
ⓒ Papier K 출처-위키미디어 커먼스
https://commons.wikimedia.org/wiki/File:Melbourne_City_Bikes.JPG

요. 하지만 자전거가 없는 사람들도 있고, 매번 나갈 때마다 자전거를 끌고 다니기가 어렵기 때문에 이용하는 사람들이 많지는 않았어요. 그런데 요즘 들어 공공 자전거가 설치되면서 다시금 자전거를 타는 사람들이 많아졌습니다.

공공 자전거는 많은 사람들의 이로운 생활을 위해서 정부와 지자체가 마련한 자전거 공유 서비스를 말해요. 내 주변에 공공 자전거 대여소가 있으면 손쉽게 자전거를 빌려 탈 수 있어요. 자전거를 타고 나서 목적지에 도착하면 근처 대여소에 자전거를 반납하면 됩니다. 매번 나갈 때마다 자전거를 끌고 나가지 않아도 되므로 간편하게 탈 수 있어요.

공공 자전거를 타는 사람들이 많아지면서 자전거 전용 도로 등 관련 시설들도 더 마련되고 있어요. 앞으로 더욱 효과적인 교통수단이 될 거랍니다.

신기한 버스가 다니는 동네가 있어요

서연이와 수진이는 자전거를 타고 돌고 돌아 드디어 회관에 도착했어요. 공유 자전거를 타는 게 얼마나 재미있었는지 서연이는 땀범벅이 됐어요. 땀을 슥슥 닦으며 서연이는 아담한 3층 건물을 올려다보았어요. 알록달록한 벽화가 그려진 회관은 보기만 해도 재미있는 곳처럼 보였어요.

"여기가 우리 동네 회관이야!"

“와, 정말 예쁘다.”

“예쁘지? 지난 가을에 우리가 벽화로 그린 거야. 여기가 우리 동네에서 제일 유명한 곳이야.”

실내로 들어가자 시원한 에어컨 바람에 땀이 식었어요. 회관에는 꽤 많은 아이들이 다양한 활동을 하고 있었어요. 꿈놀이터라는 팻말이 적힌 방에는 외국인 아이와 한국 아이가 함께 색종이 접기를 하고 있었어요. 다목적실 앞에는 지금 상영 중인 영화의 포스터가 붙어 있었어요. 나눔터라고 쓰인 방에서는 아이들이 음식을 나눠 먹고 있었고요.

서연이는 여러 외국인과 우리나라 아이들이 어울려 있는 모습이 무척 신기해 보였어요.

“그런데 여기는 어린이들만 있는 곳이야? 어른들은 보이지 않아.”

“어, 그러게? 오늘 무슨 일이 있는 건가?”

고개를 갸우뚱하던 수진이가 주위를 둘러보더니 색종이 접기를 하고 있는 외국인 아이에게 뛰어갔어요. 수진이가 영어로 외국인 아이에게 물었어요.

"어른들은 아무도 안 계셔?"

"도서실 선생님이 계셔. 다른 분들은 오늘은 옆 동네에서 축제를 연다고 가셨어."

"아, 오늘이 그날이구나."

수진이가 뛰어와 서연에게 설명해 주었어요.

"원래 어른들도 많이 계시는데, 오늘은 옆 동네에서 축제를 해서 많이 안 계신거야. 축제를 열면 관광객들이 많이 오기 때문에 늘 일손이 부족하거든. 그래서 축제 때는 서로서로 도와줘."

수진의 설명보다 서연이는 아까 수진이가 영어로 외국인 아이에게 물어본 것에 더 관심이 많았어요. 수진이가 그렇게 영어를 잘하는지 몰랐거든요.

"수진아. 아까 영어로 말한 거지? 와, 너 어떻게 그렇게 영어

나눔터 공지
와~

를 잘해?"

"아, 잘하기는. 그냥 자주 쓰는 말이라서 그런가?"

수진이는 서연의 관심에 부끄러워하며 머리를 긁적였어요.

"여기 오는 외국 친구들은 영어로 말하기도 하지만, 우리가 한국말을 알려 주기도 해. 그래서 서로 말하는 게 되게 재미있어. 잘 모르는 표현도 알려 주려고 노력하고, 자꾸 들으면 이해되기도 하고 그래."

사실 서연이는 아까 외국인들이 생각보다 많아서 은근히 걱정되었어요. 혹시라도 외국인들과 말하게 되면 잘할 자신이 없었거든요. 그런데 수진의 말을 듣고 나니 서연이는 앞으로 외국인 친구들과 대화하는 일들이 왠지 기대되었어요. 먼나라 영어 학원에서 원어민 선생님을 만났을 때와는 사뭇 다른 느낌이었지요.

수진이가 저쪽에서 손을 흔드는 아이를 보고 손짓을 했어요. 그러고는 서연의 팔을 이끌어 그 아이에게 다가갔어요.

"언니, 내 친구야."

수진의 말에 그 아이가 서연에게 유창한 영어로 말했어요.

"안녕? 나는 스잔나야. 인도에서 왔어."

"아, 안녕? 반가워."

서연이는 영어 학원에서 배운 표현을 열심히 떠올리며 대답했어요. 인도 사람을 실제로 본 건 처음이라 당황해서 말을 더듬었지만요. 그런 서연이와 달리, 수진이는 스스럼없이 스잔나와 이야기를 나누었어요.

"언니, 스잔나는 우리나라 말도 꽤 할 줄 알아. 한국에 온 지 2년째거든."

스잔나가 고개를 끄덕이며 자신이 사는 구여가 아주 자랑스럽다며, 서연에게 서툰 한국말로 이야기했어요. 조금 어색한 표현은 수진이가 옆에서 고쳐 주기도 하면서요.

"우리 구여에는 배도 되고 버스도 되는 배버스가 있어."

스잔나의 말에 서연이는 고개를 갸웃거렸어요.

"배버스? 그런 게 있어? 되게 신기하다."

"응. 수륙 양용 버스를 말하는 거야."

수진이가 설명을 더하자 서연이는 더더욱 알쏭달쏭한 얼굴이 되었어요.

"구여에는 신기한 게 정말 많은 것 같아."

셋이서 재미있게 이야기를 나누고 있는데, 갑자기 한 아이가 회관 안으로 허겁지겁 들어왔어요.

"스잔나! 스잔나!"

"어? 민수야."

소리 높여 스잔나를 부른 민수가 서연이와 수진이랑 함께 있는 스잔나를 발견하고는 후다닥 이쪽으로 뛰어왔어요.

"스잔나! 막내 동생이 다리를 다쳤어! 계단에서 넘어졌는데, 다리에서 피가 나. 병원에 가 봐야 할 것 같은데 어떻게 하지?"

"뭐라고?"

깜짝 놀란 세 아이는 민수를 따라 회관 바깥으로 뛰어갔어요. 건물 외벽에 있는 이층으로 올라가는 계단 앞에 스잔나의 동생이 주저앉아 있었어요. 무릎을 심하게 다쳐 피가 종아리까지 흘러내리고 있었어요. 동생은 스잔나를 보자마자 눈물이 그렁그렁해져서는 울음을 터트렸어요. 스잔나는 동생을 안아 달래며 침착하게 수진에게 말했어요.

"얼른 선생님께 말씀드리자."

수진이가 고개를 끄덕였어요. 그러다 문득 어떤 생각이 났는지 스잔나의 팔을 잡고 말했어요.

"스잔나. 똑똑버스를 부르자."

수진이가 말하자 서연이는 의아한 표정을 지었어요.

"똑똑버스가 뭐야? 택시 같은 거야?"

"그게 아니고, 우리 동네에는 부르면 달려오는 똑똑버스가 있어. 여긴 도서실 선생님 한 분만 계셔서 자리를 비우실 수 없잖아. 선생님께 말씀드리고 우리가 똑똑버스를 타고 시내로 나가자. 보건소 삼촌에게 가면 돼."

"부르면 달려오는 버스라니? 그게 무슨 말이야? 택시 말하는 거야?"

서연이는 수진이가 뭔가 착각하는 것 같아 걱정되어서 다시 말했어요.

"수진아. 버스는 정해진 시간에 맞춰 오잖아. 부르면 달려오는 버스라니, 그런 게 어디 있어? 더구나 여기는 버스도 잘 다니지 않잖아."

서연의 말에 대답도 하지 않고 수진이가 회관 안으로 달려갔어요. 그러고는 회관에 있는 전화기로 어딘가에 전화를 걸었어요. 그러자 놀랍게도 얼마 지나지 않아 회관 앞에 마을버스 한 대가 진짜로 서지 않겠어요?

"허, 뭐야? 왜 갑자기 버스가 온 거야? 정말 부르면 오는 버스인 거야?"

서연이가 놀라 묻자 선생님께 말씀을 전하고 온 수진이가

똑버스!!
똑버스
헉

다급한 표정으로 외쳤어요.

"언니, 설명은 이따 할게. 얼른 타!"

수진이를 따라 나온 도서실 선생님도 걱정스러운 얼굴로 아이들을 배웅하며 기사님께 당부를 드렸어요.

"얘들아. 보건소에 연락해 뒀어. 도착하면 전화해 주렴."

"네!"

아이들은 후다닥 버스에 올라탔어요. 버스는 아이들이 타자 곧 출발했지요. 잔뜩 아파하는 스잔나의 동생과 울상인 채 동생을 걱정하는 스잔나를 달래다 보니 어느새 똑똑버스는 보건소 앞에 도착했어요.

수진이가 보건소 문을 열고 다급하게 뛰어 들어갔어요.

"삼촌! 삼촌!"

마침 진료를 마친 공중 보건의가 수진이를 보고 성큼성큼 다가왔어요.

"수진아. 선생님께 연락 받았어."

"삼촌! 아, 아니 의사 선생님, 제 친구 동생이 다쳤어요. 빨리 좀 봐 주세요!"

"그래, 어디 한 번 볼까?"

서연이와 스잔나가 부축하며 스잔나의 동생을 치료실로 데려왔어요. 의사 선생님은 스잔나의 동생 다리를 보더니 치료를 시작했어요. 약을 바르고 붕대를 감아 주고 나니 스잔나 동생의 얼굴이 한결 편안해져 있었어요.

"많이 아팠겠는걸. 그래도 빠르게 치료했으니 곧 나을 거야. 그런데 너희들끼리 온 거니? 어른들은?"

"어른들은 옆 동네 축제 일을 도우러 가셨어요."

"세상에. 대견하네. 언니들 덕분에 동생 상처가 빨리 낫겠어."

의사 선생님은 흐뭇하게 웃으며 수진이와 서연의 등을 두드려 주었어요. 그 말에 서연이는 뿌듯해져 활짝 웃었어요.

"그런데 너희들 똑똑버스 타고 온 거지? 내가 다시 똑똑버스를 불러 줄게."

의사 선생님도 똑똑버스를 알고 계신 것 같았어요. 이 동네 사람들은 모두 똑똑버스를 익숙하게 이용하는 것 같았어요.

이내 의사 선생님이 불러 준 똑똑버스가 도착했어요. 아이들은 버스에 올라 자리에 앉았지요. 서연이는 옆에 앉은 수진에게 부러운 듯 말했어요.

"수진아, 이 똑똑버스 정말 편하고 좋은 것 같아. 택시도 아닌데 부르면 딱 오니까 말이야. 우리 동네에는 왜 똑똑버스가 없을까? 만일 똑똑버스가 있다면 마을버스를 기다릴 일도 없을 거고, 시외버스를 타러 터미널까지 가야 하는 일도 없을 텐데 말이야."

수진이는 곰곰 생각하다 대답했어요.

"음, 우리 아빠가 그러는데, 우리 동네에는 사람들이 많이 없어서 똑똑버스가 생긴 거래."

"정말? 사람이 많이 없어서 생겼다고?"

구여 보건소
뚝버스

"응. 사람들이 많아서 버스를 탈 사람들이 많으면, 버스가 매일 정기적으로 계속 돌면 되는데, 우리 동네에는 매일 버스를 탈 사람이 별로 없대. 그래서 필요할 때 부르면 올 수 있도록 버스가 바뀐 거라고 그러셨어."

수진의 말을 듣고 서연이는 고개를 끄덕였어요. 사실 서연이네 동네에도 사람들이 거의 타지 않는 마을버스 번호는 없어진 적도 있었거든요. 사람들이 많아서 항상 북적이는 버스는 더 버스가 많아졌다고 해요. 이렇게 사람들에 따라, 지역에 따라 교통은 달라지는 건가 봐요.

"우리 동네에는 우리 동네에 맞게 버스가 달라진 거지."

두 사람이 이야기를 나누는 동안 어느새 버스는 회관에 도착했어요.

"자, 회관에 도착했습니다."

"감사합니다, 기사님!"

버스에서 내린 아이들이 회관의 문을 열고 들어서자, 스잔나의 엄마와 아빠가 다급하게 다가왔어요. 두 분의 얼굴에는 걱정이 가득했지요.

“스잔나! 어떻게 된 거니? 병원에 갔다면서.”

“엄마, 아빠! 우리끼리 버스 타고 보건소에 다녀왔어요. 동생이 다리를 다쳤는데, 수진이가 도와줘서 잘 치료받았어요.”

“어쩜, 그랬구나. 수진아. 정말 고맙다!”

스잔나의 엄마, 아빠는 수진의 손을 꼭 잡으며 고마워하셨어요. 쏟아지는 칭찬 세례에 수진의 얼굴이 붉게 물들었어요. 뒤늦게 이야기를 전해 들은 외숙모도 수진이와 서연이를 칭찬했답니다.

“얘들아, 참 잘했어. 많이 놀랐을 텐데 침착하게 대처하고 대단하네. 너희 언제 이렇게 컸니?”

어른들의 연이은 칭찬에 수진이와 서연이는 또 한 번 어깨가 으쓱해졌어요. 이윽고 스잔나의 부모님은 외숙모와 이야기를 나누었고, 외숙모가 웃으며 수진이와 서연에게 다가왔

어요.

"얘들아. 스잔나의 부모님께서 너희들한테 고마워서 이번 주말에 구여 명소를 구경시켜 준다고 하시네. 어떠니?"

"구여 명소 구경이요?"

서연이와 수진, 스잔나는 갑작스러운 제안에 얼떨떨한 얼굴이 되었어요.

"응. 수륙 양용 버스를 타고 구경을 할 수 있어."

외숙모의 말에 수진이가 냉큼 서연에게 말했어요.

"언니, 스잔나 부모님이 구여에서 투어 가이드로 일하셔. 관광객들이 수륙 양용 버스를 타고 구경을 하는데, 우리를 태워 주시려나 봐."

"수륙 양용 버스가 뭐야?"

똑똑버스에 이어 수륙 양용 버스라니, 구여는 버스 이름이 너무도 희한했어요. 그러자 외숙모가 웃으며 이야기해 주셨어요.

"수륙 양용 버스는 말 그대로 땅에서도 다니고 강에서도 다니는 버스를 말한단다."

그 말을 들은 서연의 두 눈이 휘둥그레졌어요.

"뭐라고? 강에서도 다니는 버스라고? 우아, 여기는 대체 신기한 버스들이 왜 이렇게 많아?"

서연의 말에 아이들과 어른들은 모두 웃음을 터트렸어요.

드디어 약속했던 주말이 돌아왔어요. 스잔나네 가족은 수진이네 집에 서연이와 수진이를 데리러 왔어요. 드디어 말로만 듣던 수륙 양용 버스를 타게 되어 서연이는 잔뜩 상기된 얼굴이었어요.

스잔나의 부모님은 아이들을 데리고 현장에서 표를 구매했어요. 주변을 둘러보니 사람들이 많지는 않았지만, 인터넷으로 예매한 사람들이 많은지 시간대별로 '매진'이라고 적힌 게 꽤 많았어요.

“물에서 운행하는 코스는 약 50분 정도란다. 구여에 있는 문화재를 하나씩 보게 될 거야.”

스잔나 엄마의 말에 아이들은 잔뜩 들뜬 얼굴로 시계를 보았어요. 물에서 타는 버스는 어떤 기분일까요? 배를 타는 것과는 얼마나 다를까요?

시간이 되어 버스 문이 열리자 버스에 올라탈 수 있도록 계단이 내려왔어요. 버스 안에는 기사님과 안내해 주시는 분이 계셨어요.

“자, 이제 출발합니다! 10분 정도 육지를 달리다 강으로 입수할 예정입니다.”

수륙 양용 버스는 물속에 들어가기 전에 엔진 소리가 크게 들렸어요. 아이들이 긴장한 얼굴로 앉아 있자 스잔나의 부모님이 안심하라고 손을 잡아 주었어요. 버스가 물에 들어가고 나서는 마치 배처럼 유유히 떠다녔지요. 버스가 다니는 강

멀리에는 돛단배도 한 척 보였어요. 배처럼 떠다니는 버스라니, 서연이는 강에서 버스를 탄 기분을 절대 잊지 못할 것 같았어요.

구여 명소를 구경하고 돌아온 후, 서연이는 구여가 지하철도 없고 버스도 많이 다니지 않아서 교통이 불편할 거라고 생각했던 게 잘못된 생각이었다는 걸 깨달았어요.

서울처럼 대중교통이 많지는 않았지만 이곳에 맞춰 편하게 이용할 수 있는 교통수단이 있었지요. 자전거 타기에도 좋고, 부르면 달려오는 버스도 있고, 심지어 강에도 들어가는 버스도 있잖아요?

"오늘 구여 구경은 어땠니? 재미있었어?"

저녁을 먹으면서 외숙모가 묻자 서연이는 눈을 반짝이며 말했어요.

"네. 서울에 가면 친구들한테 똑똑버스를 탄 거랑 수륙 양용 버스를 탄 거 꼭 자랑할 거예요."

구여의 명소보다 버스 이야기에 들뜬 서연이를 보며 외숙모는 웃음을 터트렸어요.

“맞아. 구여는 구여 나름대로 이용하기에 좋은 교통수단이 있지. 구여에는 강이 있어서 다리로만 다니면 혼잡해지기 쉬워. 그래서 수륙 양용 버스가 나왔고, 주민들의 수가 적어서 똑똑버스가 생겼어. 구여처럼 앞으로 기술이 발전할수록 지역 환경에 맞춰 더 다양한 교통수단이 생기게 될 거란다.”

외숙모의 말을 몸소 체험한 서연이와 수진이는 앞으로 어떤 교통수단이 나오게 될지 기대가 되었어요.

지역과 환경에 맞춰 교통수단도 변화해요!

여러분은 주로 어떤 교통수단을 이용하나요? 버스나 지하철을 이용하는 사람이 있는가 하면, 자전거나 자동차를 이용하는 사람도 있을 거예요. 혹은 기차나 배를 타고 이동해야 하는 사람들도 있어요. 모든 교통수단이 있다면 좋겠지만 그렇지 않은 경우도 많아요. 지형에 따라, 지역 사회의 조건에 따라 교통수단이 발전하기 때문에 사는 곳마다 자주 이용하는 교통도 다르답니다.

부르면 오는 버스가 있다고?

사는 곳의 특징에 맞춰 '필요할 때 부르면 오는 버스'도 있어요. 이 버스를 승객 맞춤형 버스, 즉 DRT(수요응답형 교통체계)라고도 부른답니다. 일반 버스와 달리, 탈 사람이 있는 지역과 시간을 분석해 다니는 버스예요. 그래서 일정한 노선이나 운행 계획표가 없이, 택시처럼 승객의 호출이나 사전 예약에 맞춰 운영되고 있어요.

이런 승객 맞춤형 버스는 어떻게 해서 생기게 됐을까요? 이 버스는 원래 교통이 불편한 농어촌 지역의 주민들을 위해 생겨났답니다. 도시까지 오가는 버스 노선이 없는데, 버스 이용자가 많지 않아 매일같이 운행하기는 어려운 곳에 이와 같은 버스가 만들어진 것이지요.

그런데 지금은 농어촌뿐만 아니라 교통량이 많은 도

시에서도 종종 이용되고 있어요. 특히 버스를 이용하는 사람들이 많은 출퇴근 시간이나 노인, 장애인 등 교통약자들을 위해 이용되고 있답니다.

세상에는 이런 교통수단이 있다고요?

세계에는 각 지역의 자연환경과 생활 여건에 맞는 다양한 교통수단들이 있어요.

베트남에는 중부 지역에 아주 특이한 배가 있어요. 바로 대나무와 야자수 잎으로 만든 바구니 모양의 배입니다. 일명 바구니배라고 불리는데요. 주변에서 쉽게 구할 수 있는 재료로 만들고, 작고 또 가벼워 강가에 사는 주민들의 중요한 교통수단이 되었지요. 또한 어부들이 고기를 잡을 때 쓰는 어업 도구로도 사용되었어요. 현재는

관광객들에게 강을 구경하는 체험을 하는 용도로도 많이 이용된답니다.

캄보디아에는 대나무로 만든 열차인 '밤부 기차'가 다니고 있어요. 프랑스 식민지 시절에 만들어져 방치된 철로를 이용하기 위해 간이 열차를 만들어 교통수단으로 쓰는 거예요. 지역 주민들을 위해 만든 교통수단인데, 마치 롤러코스터를 타는 것처럼 느껴져 일부 지역에서

는 관광용으로도 운영되지요.

홍콩에는 본토와 섬들을 이어 주는 중요한 교통수단이 있어요. 바로 페리선이에요. 본토와 섬을 가르는 바다를 건너기 위한 교통수단이에요. 바다 아래 지하철이 연결되면서 지하철을 타고 건너기도 하지만 오래전부터 사람들은 페리선을 타고 홍콩섬과 본토를 이동하며 다

홍콩에서 운행하는 페리선
ⓒ 2004 mailer_diablo 출처-위키미디어 커먼스
https://commons.wikimedia.org/wiki/File:Hkstarferry.JPG

녔어요. 무려 1888년부터 운항을 시작했다고 하니 역사가 정말 길지요. 가격도 상당히 저렴하고, 페리선을 타면 금방 바다를 건널 수 있어 현지인들은 물론 여행객들도 많이 이용한답니다.

하늘을 나는 택시를 타고 집에 가는 날

"언니, 이제 내일이면 집에 가네."

수진이가 풀 죽은 목소리로 말하자 서연 역시 아쉬운 표정을 지었어요.

"힝, 여름 방학이 정말 길 줄 알았는데, 너무 금방 지나갔어."

헤어지기 싫어하는 두 아이를 외숙모가 달래 주었어요.

"겨울 방학 때 또 오면 되지. 서연아. 그래도 내일이면 오랜

만에 엄마 보는데 좋지 않아?"

"그야. 엄마 보는 건 좋지만."

서연이는 엄마도 좋고, 수진이랑 구여에서 사귄 새로운 친구들도 좋았어요. 마음 같아서는 서연이도 구여로 이사를 오고 싶었지만, 그럴 수 없다는 걸 알아요. 그리고 만일 이사를 온다면 서울에 있는 친구들이 보고 싶어질 거예요. 서연이는 아쉬운 마음을 다잡고 수진에게 다짐하듯이 말했어요.

"겨울 방학 때 또 올게."

다음 날, 엄마가 수진이네 집에 도착하자 서연이는 엄마에게 쪼르르 달려가 안겼어요. 생각해 보니 엄마를 무려 이 주만에 보는 거예요. 엄마를 이렇게 오래 못 본 건 처음인 것 같았어요.

"엄마, 보고 싶었어요!"

"서연아. 잘 지냈니? 와, 우리 딸 엄청 탔네."

엄마가 웃으며 서연의 볼을 쓰다듬었어요. 서연이도, 수진이도 여름 방학 내내 스잔나, 그리고 다른 친구들과 자전거도 타고, 회관에서 하는 다양한 놀이를 하느라 햇볕에 건강하게 그을렸지요.

수진이는 잔뜩 아쉬운 표정으로 서연에게 말했어요.

"언니, 겨울 방학 때 꼭 또 와야 해."

"응, 그럼! 엄마 나 겨울 방학 때 또 올래요."

"어머, 벌써 겨울 방학 계획까지 세운 거야? 하하, 그래. 자, 헤어지기 싫겠지만 이제 정말 출발해야 해. 공항에 가야 하거든."

공항이라는 말에 서연이가 의아한 표정을 지었어요.

"공항이요? 오늘은 전기차 안 타요?"

"응, 아빠가 출장을 가셔서 이번에는 비행기를 타고 가야 할 것 같네. 오늘 비가 많이 내린다고 했으니까 지금 출발해야겠다. 늦으면 안 되니까 말이야."

엄마의 말에 수진이와 서연이는 아쉬움을 뒤로하고 손을 흔들었어요.

"겨울 방학에 또 와! 언니!"

"응. 수진아. 잘 있어!"

우르릉, 쾅쾅!

버스를 타고 공항에 내리자마자 하늘에서 엄청난 소리가 울렸어요. 금방이라도 비가 쏟아져 내릴 듯이 하늘이 까맣게 변했어요. 엄마가 걱정스러운 얼굴로 하늘을 올려다보았어요.

"엄마, 비가 오려나 봐요."

서연이가 말하자마자 하늘에서 굵은 빗방울이 어깨 위로 뚝 떨어졌어요.

"어머, 비 오네. 얼른 들어가자."

엄마는 캐리어를 끌고 서연의 손을 잡고 서둘러 공항 안으로 들어갔어요. 공항에 들어서자 마치 기다렸다는 듯이 장대비가 내리기 시작했어요. 마치 하늘에서 양동이로 비를 퍼붓는 것처럼 쉴 새 없이 비가 내렸지요.

"비가 너무 많이 내리는걸."

앞이 보이지 않을 정도로 세차게 내리는 비를 보고 엄마가 걱정스레 말했어요. 그때였어요.

"5시 50분에 탑승하실 비행기 a4341기가 기후 악화로 인해 출발이 지연되었으니 이 점 양해 바랍니다."

항공기 지연을 알리는 방송이 흘러나왔어요.

"어머, 우리 비행기인데 결국 지연되는구나."

"지연이요?"

"응. 비행기가 사정이 생겨 원래 시간보다 늦게 출발하게 된다는 말이야."

어쩔 수 없이 엄마와 서연이는 공항 대기석에 앉아 기다렸

국내선 출발
13:32
JJ133 제주 16:00 지연
A4341 김포 17:50 지연
BU225 부산 18:35 지연
JJ134 제주 18:50 지연
JJ135 제주 18:55 지연
GI883 김포 19:30
JJ136 제주 19:50

어요. 공항 창문 너머로 내리는 빗줄기를 보고 있자니, 차라리 비가 좀 그친 다음에 출발하는 게 낫겠다는 생각도 들었어요.

"비행기는 빠르긴 한데 공항까지 와야 하니까 좀 불편해요. 또 날씨가 안 좋으면 이렇게 하염없이 기다려야 하잖아요."

부루퉁한 얼굴로 말하는 서연이를 보고 엄마는 빙그레 웃었어요.

"그렇긴 하지. 하지만 모든 교통수단은 안전하게 운행하는 여건이 되어야 이용할 수 있어. 지금처럼 날씨가 나쁜데 억지로 비행기가 떴다가는 큰일이 일어날 수도 있으니까 당연히 조심해야 돼."

엄마의 말이 맞다는 걸 알면서도 서연이는 한숨을 쉬었어요. 낯선 공항에 앉아 있으니 왠지 집까지 가는 길이 멀게만 느껴졌어요. 얼른 제 방 침대에 털썩 눕고 싶었지요.

"구여에서 집까지 한번에 가는 대중교통 수단이 나왔으면 좋겠어요. 비행기에서 내리면 지하철을 타고 집까지 또 가야 하잖아요."

벌써부터 지친 기색이 가득한 서연이를 보고 엄마가 안쓰러운 얼굴로 안아 주었어요.

"그래. 엄마도 그런 생각을 많이 했어. 공항은 주로 도시 외곽에 있으니까. 그런데 어쩌면 멀지 않은 미래에는 그런 일이 가능해질지도 몰라. 도시와 도시를 오가는 택시 같은 비행기가 나올 수도 있거든. 그걸 도심항공교통(UAM)이라고 해."

엄마의 말에 잠이 솔솔 오던 서연의 눈이 크게 뜨였어요.

"정말요? 택시 같은 비행기라고요? 택시 같은 버스도 있는데 비행기도 생기는 거예요?"

"하하, 그러게. 엄마도 기대돼. 도심항공교통은 열심히 연구하고 있고, 시연도 한다는구나. 조만간 정거장도 만들어질 것 같다고 해."

하늘을 나는 택시라니. 그런 건 엄마랑 같이 본 공상 과학 영화에만 나오는 것인 줄 알았어요. 실제로 현실에서 하늘을

나는 택시를 탈 수 있다니 믿기지 않았지요.

엄마도 서연이와 같은 생각인지 감탄하는 말투로 말했어요.

"기술이 더 좋아지면서 미래에는 상상만 했던 교통들이 실제로 이루어지는 것 같아. 이렇게 세상이 바뀌어 가나 봐."

그때 공항 안내 방송이 울려 퍼졌어요.

"고객 여러분께 알립니다. 기후 상황에 맞춰 지연되었던 비행기가 정상 운행을 시작했습니다."

서연이가 활짝 웃으며 말했어요.

"엄마, 비행기 다시 뜨나 봐요!"

"그래. 얼른 가자."

서연이는 엄마의 손을 잡고 탑승구 쪽으로 걸어갔어요. 언젠가 하늘을 나는 택시 비행기를 타게 되는 날을 상상하면서 말이에요.

하늘 길을 여는 비행기와 미래의 교통수단을 알아보아요!

오늘날 우리는 누구나 공항에 가서 비행기를 탈 수 있어요. 비행기를 타고 하늘 길을 날아 다른 지역이나 나라로 가는 것이 어려운 일이 아니지요. 하지만 인류가 이렇게 하늘 길을 통해 다닐 수 있게 된 것은 그리 오래되지 않았답니다. 땅 위를 다니는 육로(陸路), 바다를 건너는 해로(海路)는 수천 년 전부터 이용했지만, 하늘 길을 다니는 항공로(航空路)를 이용하게 된 지는 100년도 채 되지 않아요.

최초의 비행기는 1903년 12월 17일 미국의 라이트 형제가 발명했어요. 수많은 시행착오 끝에 비행기가 탄생했지요. 비행기의 두 날개는 특별한 모양으로 되어 있는데, 위쪽의 공기가 아래쪽보다 빠르게 지나가면서 날개 위쪽과 아래쪽의 압력 차이가 생긴답니다. 그래서 비행기가 위로 떠오르는 힘이 생기는데 이 힘을 이용해 인공적으로 하늘을 나는 기계를 만들게 된 거예요.

비행기는 지금 우리가 이용하고 있는 교통 중 가장 빠른 교통수단이에요. 비행기의 종류도 매우 다양해서 여객기, 화물기, 전투기, 무인기 등 많은 용도의 비행기가 있어요.

여객기는 우리가 타는 일반적인 비행기를 말해요. 승객과 화물을 운송하기 위해 만든 대형 항공기예요.

화물기는 화물을 운반하기 위해 만든 항공기입니다. 전투기는 군대에서 쓰는 항공기로, 다른 비행기에 비해 작고 빠른 것이 특징이에요. 무인기는 사람이 타지 않고 지상에 있는 파일럿이 무선으로 조종하는 방식으로 비행하는 반자동 항공기예요.

철저한 준비와 거대한 시설이 필요한 교통수단, 비행기

비행기는 무척이나 정교하게 만들어진 교통수단이에요. 빠르고 안전하지만, 사고가 나면 피해가 무척 크기 때문에 운행하기 전에는 항상 사전 점검을 꼼꼼히 한답니다. 다른 교통수단에 비해 필요한 조건과 준비가 많아요.

먼저 비행기가 날거나 내려앉기 위해서는 매우 기다란 활주로가 필요해요. 거대한 비행기들이 있을 공간들도 필요하지요.

또한 비행기가 이륙하거나 착륙하기에 문제가 없는지 주변 상황을 살피고 안전하게 분석하기 위한 관제탑도 필요해요. 관제탑은 비행 중인 항공기와 교신하고 항공

기의 모든 움직임을 관리하는 '항공 교통 관제' 업무를 하는 곳이에요. 이 관제탑에서 허가해 줘야만 이륙과 착륙을 할 수 있답니다. 그래서 관제탑은 공항 전체를 잘 볼 수 있는 위치에 설치되어 있어요.

이러한 여러 가지 이유로 비행기를 탈 수 있는 공항은 대부분의 경우 사람들이 사는 지역에서 조금 떨어진 곳에 위치해요.

비행기는 우리의 일상을 바꿔 주었어요

비행기가 생기면서 사람들은 예전에는 생각지도 못했던 일들을 할 수 있게 되었어요. 지구 반대편에 있는 나라에 찾아가 며칠 동안 머무르며 이곳저곳을 여행할 수도 있고, 가까운 외국은 아침에 갔다가 저녁에 오는 일도 가능해졌답니다.

비행기를 통해 무거운 짐도 언제든 멀리까지 옮길 수 있고, 세계 어느 나라와도 빠르게 거래할 수 있지요. 그런 덕분에 다양한 산업이 빠르게 발전하게 되었고, 전 세계가 하나의 마을처럼 가까워져 '지구촌'이라고 부르게 되었어요.

미래의 비행기,
도심항공교통은 무엇일까요?

비행기는 거대한 교통수단이어서 필요한 시설과 절차가 아주 많아요. 우선 공항이 도심에서 멀리 떨어져 있는 경우가 많아 공항으로 가는 시간도 많이 걸립니다. 비행기를 타기 위해 공항에 가서 해야 할 일이 꽤 많지요. 그래서 이런 불편함을 덜어 주는 새로운 항공 수단이 나왔어요.

바로 도심항공교통(UAM, Urban Air Mobility)이에요. 도심항공교통은 대표적인 미래 교통수단 중 하나입니다. 이 비행기는 도시와 도시 사이를 이동하기 위해 타는 작은 비행기랍니다. 일반 비행기보다 훨씬 간편해서 '하늘을 나는 택시'라는 별명이 있어요.

전남 고흥 항공센터에서 2024년 12월, 첫 비행을 시도했어요. 무인 상태로 떠오른 기체가 안정적으로 하늘을 날고 정확한 위치에 착륙하면서 성공적인 평가를 받았지요.

앞으로 도심항공교통의 수도권 노선을 만들 예정이에요. 2030년에는 주요 권역별로 도심항공교통을 이용할 수 있도록 하겠다는 계획을 세웠답니다. 마치 공상 과학 영화에 나오는 것 같은 '하늘을 나는 택시'가 실제로도 나타날 수 있습니다.

스스로 운전하는 자율 주행 자동차를 아시나요?

자율 주행 자동차는 운전자 없이 주변 환경을 스스로 인식해 목적지까지 가는 자동차를 말해요. 얼마 전 미국

사이버캡의 모습
© Dllu 출처-위키미디어 커먼스
https://commons.wikimedia.org/wiki/File:Tesla_Cybercab_at_Santana_Row_oblique_view_dllu.jpg

전기차 회사인 테슬라가 운전대와 페달 없이 완전한 자율 주행 기술로 달리는 로보택시를 공개했어요. 그 이름은 바로 '사이버캡'입니다. 테슬라의 대표 이사 일론 머스크는 이 제품을 대량 생산할 계획이라고 밝혔어요.

전문가들은 2040년에는 전 세계 자동차의 약 75%가 자율 주행 자동차로 바뀔 것이라고 내다보고 있습니다. 만일 그렇게 된다면 운전자의 실수로 생기는 교통사고가 크게 줄어들 거라고 기대합니다. 또한 운전면허가 없어도 자동차를 이용할 수 있게 되겠지요?

미래의 배는 어떤 모습일까요?

배는 관광은 물론 화물 운송에 매우 중요한 교통수단입니다. 하지만 석유 등 화석 연료로 움직이기 때문에 환경 오염에 무척 안 좋은 영향을 끼치고 있지요. 미래의 배는 친환경 연료를 사용하는 '친환경 선박'으로 거듭날 것을 기대하고 있습니다.

수소 등을 사용한 전기 에너지를 쓰는 연료 전지로 가

는 선박, 천연가스 등 환경을 덜 오염시키는 에너지를 사용하는 선박, 탄소 배출을 줄이고 에너지의 효율을 높여 에너지를 덜 쓰는 기술로 설계된 선박 등이 미래 선박의 모습이 될 것이랍니다. 우리나라에서는 '그린쉽-K'라는 이름으로 배에서 나오는 온실가스 70%를 줄이는 친환경 프로젝트를 진행하고 있어요. 환경을 지키는 미래의 배도 무척이나 기대됩니다.

교과 연계

2학년 안전한 생활	2. 교통안전, 이렇게 실천해요 (2) 교통수단을 안전하게 이용해요
3학년 1학기 사회	3. 교통과 통신 수단의 변화
3학년 도덕	우리가 만드는 도덕 수업 2. 우리 모두를 위한 길
3학년 2학기 국어	2. 중심 생각을 찾아요
3학년 2학기 사회	1. 환경에 따라 다른 삶의 모습